文字總是看不懂

文：徐兆康　　圖：王餘羲

我是賽克，國小二年級，
在班上成績不錯，很喜歡看書。

因ㄧㄣ為ㄨㄟˋ看ㄎㄢˋ書ㄕㄨ的ㄉㄜ˙時ㄕˊ候ㄏㄡˋ，
可ㄎㄜˇ以ㄧˇ讓ㄖㄤˋ我ㄨㄛˇ知ㄓ道ㄉㄠˋ天ㄊㄧㄢ有ㄧㄡˇ多ㄉㄨㄛ高ㄍㄠ、
海ㄏㄞˇ有ㄧㄡˇ多ㄉㄨㄛ深ㄕㄣ，
擁ㄩㄥ有ㄧㄡˇ無ㄨˊ限ㄒㄧㄢˋ的ㄉㄜ˙知ㄓ識ㄕˋ，
很ㄏㄣˇ有ㄧㄡˇ趣ㄑㄩˋ！

2

我ㄨˇ最ㄗㄨㄟˋ喜ㄒㄧˇ歡ㄏㄨㄢ看ㄎㄢˋ的ㄉㄜ˙是ㄕˋ《動ㄉㄨㄥˋ物ㄨˋ百ㄅㄞˇ科ㄎㄜ》，
因ㄧㄣ為ㄨㄟˋ可ㄎㄜˇ以ㄧˇ看ㄎㄢˋ見ㄐㄧㄢˋ很ㄏㄣˇ多ㄉㄨㄛ很ㄏㄣˇ有ㄧㄡˇ趣ㄑㄩˋ
的ㄉㄜ˙小ㄒㄧㄠˇ動ㄉㄨㄥˋ物ㄨˋ和ㄏㄜˊ關ㄍㄨㄢ於ㄩˊ他ㄊㄚ們ㄇㄣ˙的ㄉㄜ˙知ㄓ識ㄕˋ。

你知道長頸鹿的頸部
只有七節骨嗎？

你知道章魚
有三顆心臟嗎？

熊貓原本是肉食動物，
後來他們慢慢嚐不出肉的味道，
所以漸漸地對肉失去了興趣。

鴕鳥把頭埋在沙子裡
不是逃避現實，
而是因為他們下蛋在沙子裡，
鴕鳥父母會輪流把頭探入地下，
用牠們的嘴輕輕轉動鴕鳥蛋。

6

你看我那麼喜歡看書，
就以為我看書和認字很厲害，
那就錯了！
其實我看文字的時候
全是很模糊的。

8

文字上面好像加了馬賽克一樣，
模糊不清！
很難分辨每一個字的差異

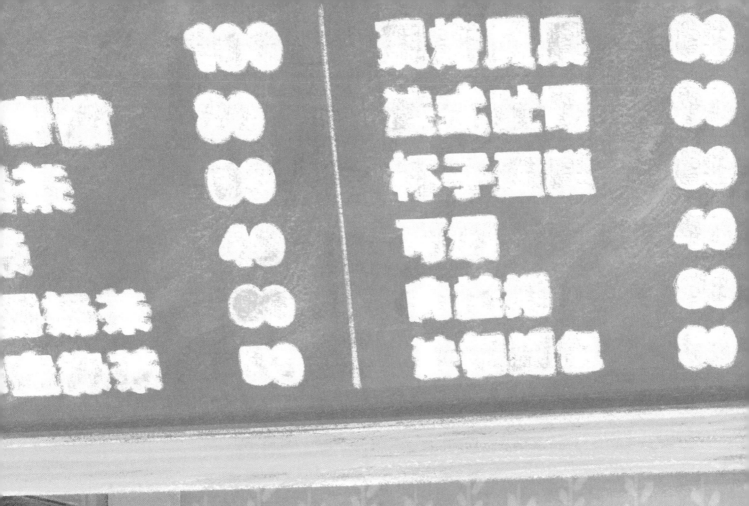

我要特別特別用力而且集中注意力，
才可以看清楚每一個字。

書ㄕㄨ本ㄅㄣ上ㄕㄤ有ㄧㄡ很ㄏㄣ多ㄉㄨㄛ我ㄨㄛ不ㄅㄨ認ㄖㄣ識ㄕ的ㄉㄜ字ㄗ，
所ㄙㄨㄛ以ㄧ我ㄨㄛ經ㄐㄧㄥ常ㄔㄤ問ㄨㄣ媽ㄇㄚ媽ㄇㄚ和ㄏㄜ在ㄗㄞ
網ㄨㄤ路ㄌㄨ上ㄕㄤ搜ㄙㄡ尋ㄒㄩㄣ。

11

其實每一次在網路上搜尋解釋以後，
我會把這個圖像刻在我腦海中，
讓我好好記著。

所以每當學習一些新詞語的時候，
我會寫在簿子上並畫一個圖像，
讓我比較容易記憶。

但是每一次學校默書的時候，
媽媽都會很緊張，
因為她非常害怕我忘記而不會寫，
所以不停強迫我溫習。

13

其ㄑㄧˊ實ㄕˊ我ㄨˇ默ㄇㄛˋ書ㄕㄨ的ㄉㄜˊ時ㄕˊ候ㄏㄡˋ有ㄧㄡˇ一ㄧ個ㄍㄜˋ特ㄊㄜˋ殊ㄕㄨ技ㄐㄧˋ能ㄋㄥˊ，
是ㄕˋ媽ㄇㄚ媽ㄇㄚ不ㄅㄨˋ知ㄓ道ㄉㄠˋ的ㄉㄜˊ。

就是默書的時候， 有一些字我忘記了怎樣寫，
我會閉上眼睛回想溫習默書時的練習本，
找回需要的詞語， 把它在腦海中放大，
然後抄下來就可以了。

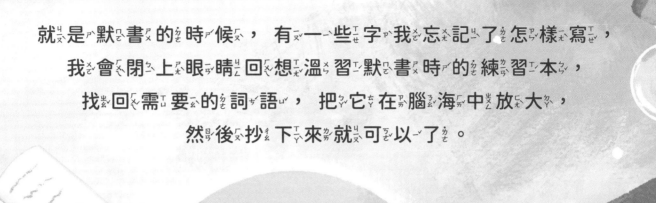

16

這個方法讓我記得很多字，
在學校也獲得不錯的成績，
晉升菁英班的中間位置。

但是媽媽還是很擔心我的學業成績，
　　想幫我找一位家教老師，
有一個晚上，媽媽問了我一個問題：

「你想要一個
　　怎麼樣的家教老師呢？」

18

這是鄰居大哥哥的家教老師，
在這位老師的指導下，
鄰居大哥哥現在考上了頂級學府，

選這個
請看 P.21

現職圖書館管理員的表哥，
他會陪你看書，訓練你動腦筋，
但是成績進步會比較慢一點。

選這個
請看 P.27

一星期後， 新的家教老師來了。
她進來房間， 很有威嚴地坐下
跟我說： 「如果你想成績好其實很簡單，
你聽我說， 先把這些重點筆記全都背下，
下一次考試一定會得到好成績。 」

想_{ㄒㄧㄤ}不_{ㄅㄨ}到_{ㄉㄠ}
老_{ㄌㄠ}師_ㄕ給_{ㄍㄟ}我_{ㄨㄛ}的_{ㄉㄜ}筆_{ㄅㄧ}記_{ㄐㄧ}裡_{ㄌㄧ}面_{ㄇㄧㄢ}的_{ㄉㄜ}詞_ㄘ語_ㄩ很_{ㄏㄣ}多_{ㄉㄨㄛ}也_{ㄧㄝ}很_{ㄏㄣ}難_{ㄋㄢ}背_{ㄅㄟ}，
我_{ㄨㄛ}已_ㄧ經_{ㄐㄧㄥ}很_{ㄏㄣ}努_{ㄋㄨ}力_{ㄌㄧ}地_{ㄉㄜ}把_{ㄅㄚ}筆_{ㄅㄧ}記_{ㄐㄧ}背_{ㄅㄟ}下_{ㄒㄧㄚ}，
但_{ㄉㄢ}是_ㄕ跟_{ㄍㄣ}老_{ㄌㄠ}師_ㄕ要_{ㄧㄠ}求_{ㄑㄧㄡ}的_{ㄉㄜ}距_{ㄐㄩ}離_{ㄌㄧ}還_{ㄏㄞ}差_{ㄔㄚ}很_{ㄏㄣ}多_{ㄉㄨㄛ}。

22

每次老師來都要我默寫詞語，
當我不懂的時候，
她會很嚴厲地罵我和罰我抄寫。

其實我知道媽媽因此很不開心，對我很失望，
所以我更努力去溫習，想讓媽媽變得開心，

可是……

24

之後半年，我的學業成績
一直往下滑，
為甚麼讀書那麼難？
我已經出盡全力
但是我的成績還是不理想，
可以怎麼辦？

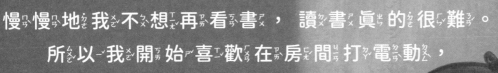

慢慢地我不想再看書， 讀書真的很難。
所以我開始喜歡在房間打電動，
好像比較開心。

你喜歡這個結局嗎？
如果不喜歡請回到 P.20 重新選擇。

一星期後，表哥來了。
他進來房間，
很溫柔地坐下，
跟我說：

「我們一起努力讓你的成績有所進步，
一分的進步也好，慢慢來放輕鬆就可以了，
最重要是喜歡看書，因為喜歡看書，
成績一定會好的。」
之後表哥跟我把學校的書本重新溫習一次，
整理了我理解和不理解的部分。

後<ruby>枕<rt>ㄓㄣ</rt></ruby><ruby>葉<rt>ㄧㄝˋ</rt></ruby>

29

表哥明白了我的需求以後，
跟我和媽媽解釋我看文字時所面對的困難，
是因為我的大腦後枕葉發展不足，
使我看文字時感到模糊難懂。

表哥說他小時候也有同樣問題，
所以吃了很多苦，
花了不少時間，看過不少治療，
才知道問題所在，和找到改善方法。
所以他會用自己曾試過的不同方法，
讓我好好記住課本和新學習的詞語。

我們用黏土去學習英文串字，

我們利用布偶娃娃講故事的方法來明白課文，

也會用沙盤去學習中文字。

之後半年， 我的學業成績慢慢進步，
媽媽愈來愈開心， 老師也稱讚我，
而我在學校愈來愈有自信， 愈來愈喜歡學習，
因為這是一個很有趣的旅程。

而我看文字模糊難懂的情況也慢慢改善，
雖然還需要很用力看書
才可以把文字看得清楚。

如果你跟我一樣，不要擔心，
只要保持對事物的好奇及喜歡學習的心，
就一定可以做得到！

導讀｜看懂孩子的心

每個人都不一樣，並不代表就是祝福或遺憾。作者以親身經歷分享他的困惑及滿足，知識非常豐富，但原來眼中的文字可以是模糊不清，需要努力另創方法才能記憶。

長頸鹿因要食樹上的葉子，變得頸長。熊貓因為失去肉類的味覺，而變成素食者。鴕鳥因為要照顧沙堆內的鳥蛋，多年來被無知的人恥笑為逃避現實的代表。但他們沒有逃避，戰勝逆境依靠的是應變及耐性。每隻動物都不一樣，不需要為了吸引而變得可愛，成為熊貓。也不需要因為要高人一等，而變得頸長。只需要按照自己的特質，做回自己。

老師及家長，務必看清孩子的情況，用耐心、愛心及關心作為培育的養分，懂孩子就是教養的秘密武器。這一本繪本作者以實際的經歷、象徵的內容、解決的建議，與大家分享如何看懂孩子的心。認識康 Sir 多年，他以親身的經歷，去協助同樣充滿挑戰的孩子，已經超越他的愛心，成為他的使命。

或許，這本書讓大家明白文字看不懂並不重要，關鍵是要有看懂孩子的心。

王添強
香港明日藝術教育機構總監

康 sir 大腦小百科

《文字總是看不懂》這故事是我的真實童年經歷，這經歷讓我吃了不少苦頭，導致我足足花了十八年時間去研發了一套針對學習困難兒童的專注力訓練課程，希望讓很多成績不好的孩子們可以尋回愉快的校園生活。

人類大腦後枕葉負責人的觀察和接收能力，而左後枕葉主宰人的文字部分觀察能力，而說話與書寫則與左顳葉和左前額葉的連接部分有關，好像賽克看文字模糊難懂的情況，是因為他的左後枕葉神經細胞發展不足而引致。

左後枕葉發展不足，即代表這區域內的神經細胞沒有接受足夠的訓練，但這是一個可以改善的狀況，只需要持續刺激左後枕葉神經細胞的突觸生長，便能慢慢改善。

但怎樣才能刺激左後枕葉的神經細胞呢？

其中最重要的方法之一是多看紙本的書和閱讀文字。

如何培養小朋友的閱讀興趣？

首先要讓小朋友保持對世界的好奇心，而閱讀是能滿足這顆好奇心的途徑，那他就會對書本的內容感興趣。

如果一般對看書沒有興趣的小朋友，家長可以先陪他閱讀。有一個很簡單的技巧，就是把孩子放在你的懷中，抱著他一起看書，這樣他會比較容易喜歡看書，因為透過身體接觸，我們的大腦會增加大量的多巴胺，而這些多巴胺會包圍神經細胞刺激他們加速生長，另外家長更可以讓孩子感受到被愛，在心理層面上家長跟孩子是同伴的關係，令他感受到你

們是一起面對文字這個大怪獸。家長要明白對於不喜歡看書的孩子，閱讀文字是一件又大又難的事，好像大怪獸一樣。透過上述方法，你們就不會出現對立的情況，而是同伴的關係。

除了跟孩子一起閱讀外，我們還附上了三個訓練眼球和觀察能力的遊戲，我們希望透過遊戲去訓練孩子大腦後枕葉的發展，在遊戲中鍛鍊大腦，因為愉快的學習環境中，會令大腦的神經細胞生長得更快更聰明。

所以家長和孩子們不要放棄，一定可以克服困難的，加油！

如果大家想了解更多和得到更多訓練遊戲工具，可以瀏覽我開創的《專注力訓練手冊》網站。

此外，我更發展了 Tomoto252 的圖文故事，希望吐霧兔的故事讓更多家長和老師，透過孩子們的眼睛去明白他們的需要。

專注力訓練手冊網址：https://www.brain-bump.com/edu

遊戲一 ｜ 圖像觀察訓練

透過在圖像故事中搜尋旁邊要求的圖像，
這遊戲可以訓練孩子右後枕葉的圖像觀察。

遊戲二 | 眼球追蹤訓練

先把眼球訓練放置在孩子的正前方，眼球跟著順序的數字觀察，先從 A-G 觀察，之後再由 G-A 觀察。

這遊戲可以訓練孩子的眼球肌肉發展，這樣的練習會令孩子減少跳行和看漏字的情況。

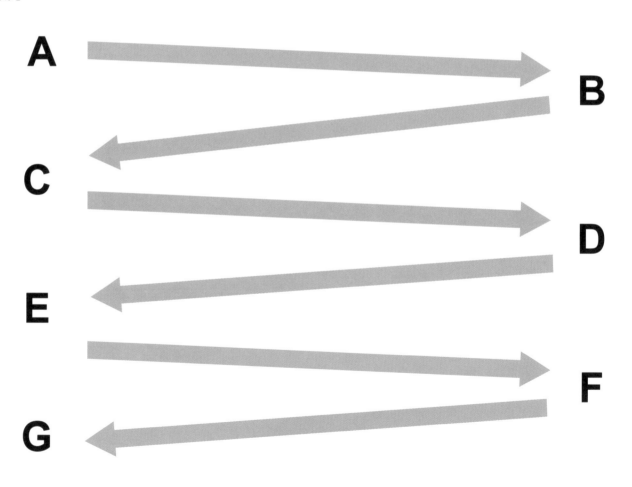

遊戲三 │ 文字搜尋訓練

搜尋文字的過程中，可以訓練孩子的左後枕葉發展，
令他們的文字觀察、認識單字和讀寫能力得以改善。

T	B	E	A	R	O	E	E	F	H	I	R
C	T	E	R	R	E	F	S	A	U	G	E
A	R	T	P	N	O	O	C	C	A	R	H
E	I	O	L	I	P	X	C	E	T	O	C
B	X	M	E	B	D	E	B	I	T	X	A
R	E	O	R	O	C	C	O	R	I	B	E
S	T	T	R	R	I	T	A	B	B	I	T
G	O	O	I	Q	U	D	R	I	B	D	O
A	R	R	U	R	I	T	A	E	A	R	O
E	R	L	Q	R	O	I	I	D	R	A	L
D	A	T	S	S	C	H	O	O	L	S	H
R	C	S	C	L	A	S	S	M	A	T	E

TOMOTO	RABBIT	FERRET	CARROT
BEAR	SQUIRREL	BIRD	TEACHER
FOX	RACCOON	SCHOOL	CLASSMATE

作者 | 徐兆康

香港劇團 Tomoto 創作總監，以劇場介入各項社會福利及教育工作，在戒毒所目睹已年屆二三十歲的成年人身陷苦境，生命難以逆轉，毅然決志從事兒童教育工作，至今已超過二十年。

作為閱讀障礙患者，香港中學會考零分的人，徐氏深明傳統教育制度之流弊及讀障兒童所面對的苦況，為逆轉眾多孩子的人生經歷，於十八年前開始鑽研兒童腦部發展，專研左右腦開發，育人無數。

現從事教育顧問工作，創辦「腦動有限公司」及 Tomoto252 文創品牌，以故事協助兒童認識自我，及讓家長老師們更能從孩子的角度去看世界。

📘📷 Tomoto252
📘 專注力訓練手冊

繪者 | 王餘羲

設計師、插畫家，經營 U_C Illustration 插畫品牌，U_C 這個名稱看似沉思的表情符號，希望人們看到 U_C 的作品都能產生共鳴、在心中留下故事，並希望透過童趣的筆觸傳遞溫暖、療癒大家。

展覽經歷

2022 個人插畫展《Adventure》
2022 台北插畫博覽會
2022、2020 台北插畫藝術節

文字總是看不懂

作者｜徐兆康
繪者｜王餘羲
責任編輯｜吳凱霖
執行編輯｜謝傲霜
編輯｜陸悅
注音校對｜莊淑婉
封面設計｜王餘羲、Jo
內文排版｜王餘羲
出版｜希望學／希望製造有限公司
印製發行｜秀威資訊科技股份有限公司
總經銷｜聯合發行

希望學

社長｜吳凱霖
總編輯｜謝傲霜
地址｜臺北市大同區民生西路 404 號 2 樓
電話｜ 02-2546 5557
電子信箱｜ hopology@hopelab.co
Facebook ｜ www.facebook.com/hopology.hk
Instagram ｜ @hopology.hk

出版日期｜ 2023 年 11 月
版次｜第一版
定價｜ 380 新台幣
ISBN ｜ 978-626-97512-4-2

國家圖書館出版品預行編目 (CIP) 資料

文字總是看不懂／徐兆康作；王餘羲圖 . -- 第一版 . -- 臺北市：希望學，希望製造有限公司，
2023.11　面；　公分
國語注音
ISBN 978-626-97512-4-2(精裝)
1.CST: 親職教育 2.CST: 識字教育 3.CST: 繪本
528.2　　112017930